# ESSAI

## SUR LA
## PACIFICATION, LA COLONISATION,
### LA CIVILISATION, LA SÉCURITÉ,
### LA PROSPÉRITÉ, LA FORCE ET LA GLOIRE
### DE L'ALGÉRIE,

OU DES QUATRE-VINGT-QUATRE TRIBUS QUI ÉTAIENT SOUS L'AUTORITÉ
DU DERNIER DEY D'ALGER;

SUIVI DE

## Poésies morales, laconiques,

ET

### DEVISES EN VERS ET EN PROSE,

*Qui peuvent s'imprimer en arabe, à Alger, et être distribuées,
le plus tôt possible, dans toute l'Algérie, par les soins hono-
rables de M. le maréchal Clauzel, gouverneur de cette belle
et riche colonie, où vingt à quarante mille militaires français,
y compris six ou dix régiments étrangers, ayant chacun au
moins quatre pièces d'artillerie, une moitié de plaine, l'autre
de montagne, avec un matériel de places, de forts, abondant,
y sont nécessaires jusqu'à parfaite pacification;*

## Par M. A. Fromental.

ANCIEN ÉVÊQUE, EX-RECEVEUR DES FINANCES, A MONTREUX, PRÈS
BLAMONT (DÉPARTEMENT DE LA MEURTHE.)

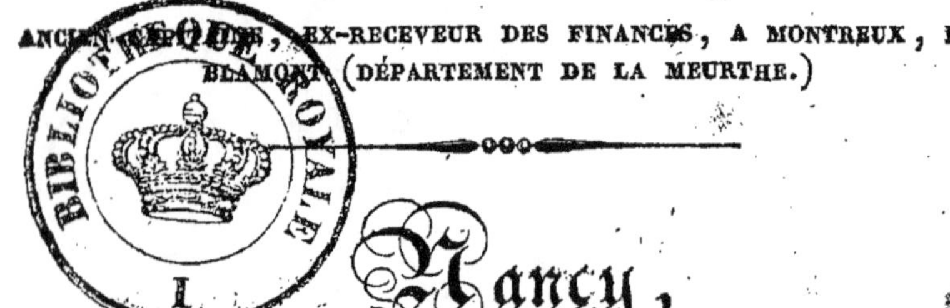


## Nancy,

### CHEZ HINZELIN, LIBRAIRE,

**1836.**

NANCY, IMPRIMERIE DE LEPAGE, GRANDE-RUE (VILLE-VIEILLE).

# ESSAI

## SUR

## LA PACIFICATION, LA COLONISATION,

### LA CIVILISATION, LA SÉCURITÉ,

#### LA PROSPÉRITÉ, LA FORCE ET LA GLOIRE

## DE L'ALGÉRIE.

———————

L'économie des hommes et de l'argent, d'accord avec l'humanité, exigent de conserver et protéger les tribus qui sont réunies à la France, de favoriser leur agriculture et leur commerce ; de se servir autant qu'il est possible des indigènes, pour pacifier les tribus qui ne sont pas réunies au gouvernement français d'Alger, d'acheter en Algérie les chevaux, vivres et autres objets nécessaires à l'armée ; de permettre, aider et favoriser les unions ou mariages des militaires français et étrangers avec des indigènes dont les familles jouissent de considération, par leur rang, leurs connaissances ou leur fortune ; de maintenir et récompenser les chefs des tribus fidèles et zélées pour la France ; de laisser liberté pleine et entière de religion ; de faire payer également et exactement les prêtres de chaque religion ; de permettre et de faciliter les mariages entre les hommes, filles ou femmes de différentes religions, comme dans les états ou puissances de l'Allemagne, où les fils suivent la religion de leur père et les filles la religion de leur mère ; de ne pas laisser de navires sur mer aux tribus insoumises ; de construire sur le bord de la mer plus loin d'Oran et de Bougie des forts, où il y aurait des fontaines, ou la facilité d'y avoir des pompes ou des puits. Il serait utile de faire confectionner six à douze mille et plus de fusils doubles vendéens ou à la Paoli, autant de pistolets doubles et de lances, le tout du moins de poids possible, pour des chasseurs de montagnes, tirailleurs, gendarmes, ou agriculteurs ; d'établir des primes, pour la destruction des animaux nuisibles à la population, aux bestiaux, au gibier qui nourrissent ; de faire un appel aux familles françaises et étrangères, pour y acheter des terrains où en prendre par ascencements ; de consacrer le droit de propriété, et de faire partager par tête ou par feu, aux indigènes, trois sixièmes des terrains, un sixième pour dépenses communales, un pour dépenses du gouvernement, un pour frais de guerre ; à vendre, le plutôt possible aux indigènes, Français ou étrangers, les terrains non partagés, payables en douze, seize ou vingt ans, par douzième, seizième ou vingtième chaque an, et la rente qui diminuerait à raison des payements que les acquéreurs ou censitaires auraient la facilité de devancer.

Il résulterait un bon effet de donner des emplois aux indigènes, Français, étrangers qui réuniraient la connaissance de la langue française à celle du pays, de favoriser les maîtres de langue, de musique, de bonne comédie, de spectacles, qui assurent la conquête en accélérant la civilisation; d'y attirer de toute part des agriculteurs, artistes, ouvriers qui feraient la sécurité, la prospérité, la force et la gloire de ce charmant pays, dont le sol est très fertile.

Un bon artilleur, ou un bon tireur mettra fin à la prolongation de guerre d'Abdel-Kader qui retarde, contrairement à l'humanité et à la raison, la pacification et civilisation, si quelques émissaires considérés dans ce riche et bon pays ne parviennent à le faire rentrer dans un ordre raisonnable, en lui assurant un sort plus heureux que celui de chef de brigands, d'après l'autorisation écrite de M. le gouverneur français des anciennes dépendances du dernier dey d'Alger.

La plantation d'arbres à fruits rendra ce pays chaud et fertile plus frais, plus agréable, plus productif et plus sain ; alors des pépinières y sont nécessaires, le plus tôt possible, pour le compte du gouvernement, des communes ou des particuliers; les ventes d'arbres couvriront, en peu de temps, les dépenses avec de beaux bénéfices.

Ce ne sera plus une musique barbare que les navigateurs, dont les vaisseaux tournent autour de l'Afrique depuis plus de trois cents ans, entendront dans l'Algérie, ce sera une musique douce, des sons mélodieux d'une population civilisée, sans esclaves, qui finira par faire le bonheur de toute l'Afrique et sa gloire. Des pilotes côtiers , en suffisance pour se rechanger ou se remplacer, qui ont connaissance des récifs, des bancs de sable, des vents nuisibles, sont nécessaires pour aborder plus sûrement autour de l'Algérie, et accélérer sa pacification par des forts sur les rivages de la mer, de ses fleuves ou rivières navigables, pour cercler et envelopper les insoumis d' bdel-Kader ou d'autres. Les pilotes doivent connaître la profondeur de la mer et des fleuves navigables, par rapport à la profondeur d'eau que prennent les navires, grands ou petits, qu'ils doivent faire entrer en rade ou au port.

Chaque militaire ou voyageur, comme dans tout pays chaud, doit avoir un bidon rempli d'eau, où il y ait un vingtième ou trentième au moins d'eau-de-vie ou de vinaigre, qui appaise la soif et évite fièvre ou malaise.

La prévoyance, l'expérience, les connaissances, l'âme et le génie bienfaisant de M. le ministre de la guerre, que j'ai eu l'honneur de connaître, de M. le ministre de la marine, de M. le maréchal, Clausel, gouverneur d'Alger, non-seulement conserveront à la France la plus glorieuse de ses conquêtes, qui facilitera son commerce en Égypte, en Asie et dans les autres parties de l'Afrique, mais lui assureront sécurité, prospérité, force et gloire, si Dieu leur laisse pendant dix ans la santé et leurs portefeuilles de ministre et de gouverneur.

La population de l'Algérie, qui est actuellement de deux millions huit ou neuf cent mille âmes, s'élèvera à plus de six millions d'âmes en moins de cinquante ans. Le sexe joli, aimable de ce beau pays, y est nubile à douze ou quatorze ans au plus. Ce pays présentera des moyens de fortune à plus de cent mille familles, dans différents genres d'industrie, en évitant toute occasion de collision avec l'empire de Maroc et les deys de

Tunis et de Tripoli. L'Agérie peut avoir une marine suffisante pour éviter et repousser toute attaque : ne faisant que du bien, tous lui souhaiteront prospérité, force et gloire ; chacun voudra la visiter et jouir de sa température chaude et des fruits délicieux qu'elle produira.

Ses chevaux, ses grains, ses vins, ses liqueurs, ses pelleteries, ses tabacs et autres produits, enrichiront ses agriculteurs, ses artistes et ouvriers ; on y exploitera de mines riches, que son fameux Mont-Atlas offre probablement, qui feront la fortune de beaucoup de ses habitants, ainsi que la pêche des perles précieuses de ses fleuves ou rivières.

L'amour de Dieu et la charité font la meilleure religion. La religion chrétienne, dépouillée des inventions humaines, est celle qui convient le mieux, non-seulement au bonheur de la société, mais surtout à la justice, à la bonté et à la toute-puissance de Dieu qui nous laisse le libre arbitre, ou la facilité de faire le bien et le mal, pour nous récompenser avec justice ou nous punir avec justice.

La France est heureuse de pouvoir procurer des sorts heureux à ses réfugiés et à ses jeunes gens qui ont de l'ambition ou des passions que les familles ne peuvent satisfaire qu'en leur désignant l'Algérie, pour y prospérer avec des vertus, de l'industrie et l'amour du travail, qui partout font le bien de l'Etat et de ses habitants.

# POÉSIES DIVERSES.

## SENTENCE.

En faisant des heureux on jouit dans ce monde,
Et pour l'éternité le plaisir se féconde.

## SIXAIN.

### PORTRAIT DE L'HOMME SAGE ET SAVANT.

L'homme sage et savant signale la rigueur
D'un fanatisme sot, indigne de son cœur;
Il est compatissant pour les erreurs humaines,
Éclaire les flatteurs dont les vues sont vaines,
Tend au bonheur de tous; il est médiateur,
Des lois de son pays parfait observateur.

# Sentence.

Le juste plaît souvent, mais l'inique déplaît.
Le prince et l'ouvrier sont loués d'un bienfait.

## DEVISE.

Aimons Dieu surtout,
Aidons ses créatures ;
Faisons bien partout ;
Fixons nos aventures.

## DEVISE.

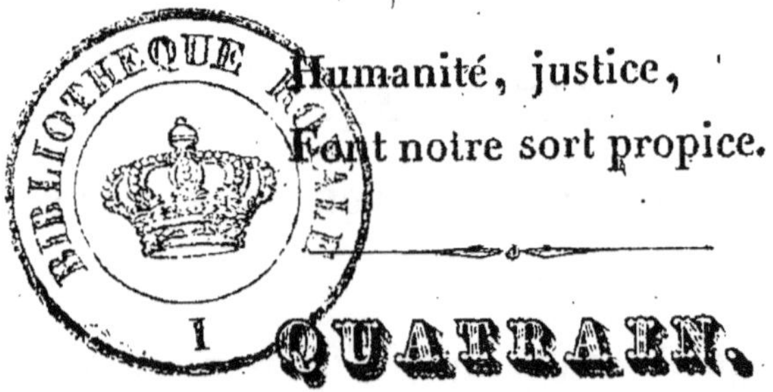

Humanité, justice,
Font notre sort propice.

## QUATRAIN.

Vive Louis-Philippe et son auguste race !
Adoptons pour toujours le chemin qu'il nous trace.
Avec les sciences, la paix, les très-beaux arts,
Nous aurons le commerce, aussi ses bonnes parts.

# SENTENCE.

Le sage se maintient dans de très justes bornes ;
L'excès nuit aux plus forts, fait périr les licornes. (1)

# SENTENCE.

Faire du bien aux uns et ne pas nuire aux autres,
C'est servir son Dieu comme de bons apôtres.

# SENTENCE.

L'injuste ne doit pas compter sur sa noblesse,
Celle de ses ayeux annonce sa faiblesse.

(1) Les licornes sont victorieuses dans les combats qu'elles ont
avec les animaux les plus forts, et se font périr en plantant par excès dans un arbre la seule corne qu'elles ont au milieu du front.

# COUPLET

## ADRESSÉ

## A Louis-Philippe, roi des Français,

### A SON PASSAGE A BLAMONT, MA VILLE NATALE.

#### (DÉPARTEMENT DE LA MEURTHE.)

Fêtons tous le passage
Du Roi juste et sage,
C'est l'ami des hommes.
Oui, tant que nous sommes,
Fêtons le passage
Du Roi juste et sage !

# ENVOI

### A M.lle ADÈLE DE MONTAUBAN, MA COUSINE.

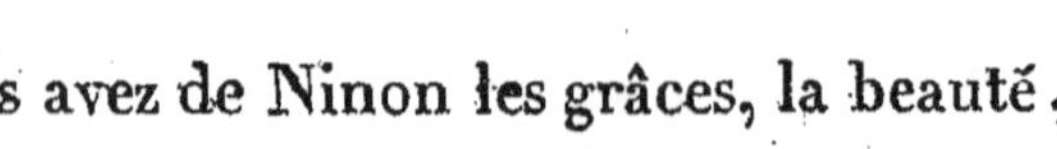

Vous avez de Ninon les grâces, la beauté,
Vous avez son esprit, vous aurez sa santé,
Vous avez ses attraits, vous avez ses appas ;
Volage fut Ninon, Adèle ne l'est pas. (1)

(1) M.lle Ninon de Lenclos dont la vie est dans les écrits de Fréron.

## QUATRAIN.

Rome tuant les Juifs, la Saint-Barthélemy,
Les vêpres de Sicile (1), attristent, mon ami ;
Le fanatisme nuit, il est atrabilaire,
Il excite aux forfaits, rend l'homme sanguinaire.

# Épitaphe du général Marceau.

Ci-gît de son pays et l'honneur et la gloire.
Passant, qui que tu sois, honore sa mémoire.

M. François de Neufchâteau, membre du Directoire, m'ayant fait dire par miss Déard, depuis son épouse, que la famille du général Marceau désirait une épitaphe pour le général Marceau, que je connaissais comme un général d'une grande espérance, ayant rétabli l'ordre et la discipline dans son armée, et obligé les ennemis de la France à lui céder la rive gauche du Rhin, j'ai remis à M.lle Déard l'épitaphe ci-dessus du général Marceau : elle a eu faveur ; je

----

(1) Les vêpres de Sicile sont les vêpres siciliennes qu'un vent de fanatisme, soufflé par un roi d'Espagne auquel la Sicile appartenait, a occasionné. L'effet a été le massacre de dix mille Français, au premier coup de vêpres.

la crois sur son monument, dans la plaine de Coblentz, vis-à-vis la forteresse d'Ereinbreischtein, dont un canon a tué le brave et ingénieux général Marceau.

J'avais fait à miss Déard deux pièces de vers que je joins ici, et que M. François de Neufchâteau, alors membre du Directoire, poëte et homme de lettres, avait lu comme ami de notre maison. M.<sup>lle</sup> Déard est devenue comtesse de Neufchâteau, son mari ministre, sénateur, etc.

# IMPROMPTU
## A Miss Déard,
### DEPUIS ÉPOUSE DE M. FRANÇOIS DE NEUFCHATEAU,

*Ministre de l'intérieur, directeur, sénateur, poëte et homme de lettres.*

Plus je te vois, ô miss ! plus je désire, envain,
M'attirer de ton cœur l'amour pur et divin ;
Plus je suis malheureux, voyant que ta tendresse
Ne m'a pas pour objet, et, rempli d'allégresse,
Un autre que moi-même auquel tu donnes tout ;
Qu'il est heureux celui qui te possède en tout.

# ACROSTICHE DE MISS DÉARD.

Douce, affable et naïve. on ne peut qu'admirer,
En voyant ses beaux traits, en l'entendant parler.
Amant qui désirez conclure un mariage,
Rencontrez cette miss, vous ferez bon ménage :
Dans sa personne aimable on n'a rien qu'à louer.

Montreux, le 26 juin 1835.